THIS BOOK BELONGS TO

1

YOUR DRAWINGS

2

3

YOUR DRAWINGS

YOUR DRAWINGS

YOUR DRAWINGS

9

YOUR DRAWINGS

YOUR DRAWINGS

13

YOUR DRAWINGS

15

YOUR DRAWINGS

17

YOUR DRAWINGS

19

YOUR DRAWINGS

YOUR DRAWINGS

23

YOUR DRAWINGS

25

YOUR DRAWINGS

YOUR DRAWINGS

YOUR DRAWINGS

YOUR DRAWINGS

33

YOUR DRAWINGS

YOUR DRAWINGS

YOUR DRAWINGS

YOUR DRAWINGS

YOUR DRAWINGS

YOUR DRAWINGS

YOUR DRAWINGS

YOUR DRAWINGS

YOUR DRAWINGS

YOUR DRAWINGS

YOUR DRAWINGS

YOUR DRAWINGS

YOUR DRAWINGS

YOUR DRAWINGS

YOUR DRAWINGS

YOUR DRAWINGS

YOUR DRAWINGS

67

YOUR DRAWINGS

YOUR DRAWINGS

YOUR DRAWINGS

YOUR DRAWINGS

YOUR DRAWINGS

YOUR DRAWINGS

79

YOUR DRAWINGS